शीतला पूजा

बंगाली पूजा पद्धति

अपर्णा सेन नस्कर

पूर्वा चक्रवर्ती

प्रकाशक: डिवाइनभारत

शीतला पूजा

अपर्णा सेन नस्कर

पूर्वा चक्रवर्ती

प्रकाशक: डिवाइनभारत

ISBN:978-93-5655-816-8

ईमेल: info@divinebharat.com

वेबसाइट: www.divinebharat.co

सूचीपत्र

परिचय

शीतला माँ बंगाल की ग्रामीण और लोकधार्मिक परंपरा में अत्यंत पूजित देवी हैं। उन्हें मुख्यतः रोगनाशिनी, शीतलकारिणी तथा स्नेहमयी शक्ति के रूप में माना जाता है। ऐसा विश्वास है कि देवी शीतला ज्वर, घमौरियाँ, फुंसियाँ, चिकनपॉक्स, चेचक, त्वचा रोग तथा बच्चों में होने वाले विभिन्न संक्रमणों से रक्षा करती हैं। इसी कारण बंगाल के घर-घर में, विशेष रूप से ग्रामीण क्षेत्रों में, उनकी पूजा आज भी बड़े श्रद्धा-भाव से की जाती है।

"शीतला" शब्द 'शीत' अथवा 'शीतलता' से उत्पन्न हुआ है। देवी शीतला उस शांत और शीतल शक्ति की प्रतीक हैं, जो शरीर और मन की उष्णता, रोग, अशुद्धि तथा अशांति को दूर कर शांति, प्रसन्नता और स्वास्थ्य प्रदान करती है।

देवी शीतला को सामान्यतः इस प्रकार चित्रित किया जाता है—

•गधे पर आरूढ़,

•हाथ में मार्जनी (झाड़ू), जो रोग और अशुद्धि को दूर करने का प्रतीक है,

•हाथ में कलश, जो पवित्रता और जीवनधारा का प्रतीक है,

•हाथ में नीम की पत्तियाँ, जिन्हें आयुर्वेद में अत्यंत प्रभावशाली रोगनाशक और शीतलकारी माना गया है।
शीतला पूजा की एक विशेष विशेषता है—अग्निहीन पूजा। पूजा के दिन प्रातःकाल किसी भी प्रकार का भोजन नहीं पकाया जाता। ऐसा विश्वास है कि अग्नि की उष्णता देवी के शांत-शीतल स्वभाव के विपरीत है। इसलिए पूजा का भोग, प्रसाद और नैवेद्य एक दिन पूर्व पकाए गए ठंडे भोजन (बासी अन्न) से ही अर्पित किया जाता है।

शीतला माता की पूजा सामान्यतः—

•घरों में पारिवारिक रूप से,

•गाँवों के मंदिरों में,

•अथवा विशेष शीतला ठाकुरानी पूजा परंपरा के अनुसार की जाती है।

यद्यपि विभिन्न क्षेत्रों में पूजा की तिथियाँ भिन्न-भिन्न होती हैं, फिर भी अधिकांश स्थानों पर यह पूजा भोर के समय की जाती है, जब वातावरण अपेक्षाकृत ठंडा, शांत और निर्मल होता है—जो देवी की शीतल शक्ति के अनुकूल माना जाता है।

इस पूजा में परिवार की मंगलकामना, बच्चों का स्वास्थ्य, दीर्घायु, रोगों से रक्षा, सामाजिक शांति तथा गृहस्थ जीवन की सुख-समृद्धि के लिए देवी से प्रार्थना की जाती है।

शास्त्रों में शीतला माता की उपासना हेतु निम्न स्तोत्र और मंत्र वर्णित हैं—

- शीतला ध्यान मंत्र
- आवाहन मंत्र
- शीतलाष्टकम
- शीतला स्तोत्र
- शीतला कवचम्
- शीतला चालीसा

ऐसा विश्वास है कि इनके पाठ से मन और वातावरण दोनों शुद्ध होते हैं।

शीतला पूजा की जड़ें लोकसंस्कृति, आयुर्वेद, ग्रामीण चिकित्सा और मातृशक्ति की उपासना में गहराई से जुड़ी हुई हैं। देवी को 'माँ' के रूप में देखा जाता है—जो अपने बच्चों को ज्वर और रोगों से पीड़ित नहीं होने देतीं, उन्हें संरक्षण प्रदान करती हैं और घर के कलह व अशांति को दूर कर शांति स्थापित करती हैं।

शीतला पूजा के माध्यम से श्रद्धालु निम्नलिखित वरदानों की कामना करते हैं—

- रोगमुक्ति
- मानसिक शांति
- परिवार का उत्तम स्वास्थ्य और दीर्घायु
- दुःख-कष्टों से मुक्ति
- गृह की समृद्धि और सुरक्षा

शीतला पूजा – सम्पूर्ण विधि
आवश्यक सामग्री

1.शीतला माँ की एक छोटी मूर्ति या चित्र।

2.कलश (जल से भरा हुआ) – ठंडे जल में नीम की पत्तियाँ डालकर सुसज्जित।

3.मार्जनी (झाड़ू) – प्रतीकात्मक उपयोग हेतु।

4.कलश / लोटा / छोटी पिचकारी।

5.नीम की पत्तियाँ, तुलसी की पत्तियाँ (यदि उपलब्ध हों), अरहर के पत्ते / छाता।

6.पुष्प – सफेद या हल्के रंग के पुष्प अधिक उपयुक्त माने जाते हैं।

7.धूप (ऐच्छिक) – किंतु परंपरा में अग्निहीन पूजा का विधान है, इसलिए अग्नि-युक्त धूप से परहेज़ करना उत्तम है।

8.शीतल पदार्थ – ठंडा जल, दूध, गुड़, खिचड़ी / बासी भात, नमक, दही–प्रसाद हेतु।

9.आरती की थाली (दीप का प्रयोग नहीं किया जाता)। चाहें तो दर्पण / चामर / पुष्प से आरती की जा सकती है।

10.रंगोली या स्वच्छ वस्त्र, प्रसाद रखने के लिए पात्र।

11.रूमाल, घंटी — ऐच्छिक।

12.संकल्प लिखित रूप में।

पूजा से पूर्व की तैयारी

1.शुचिता: घर और वेदी को अच्छी तरह साफ करें। हाथ-मुँह धोकर स्वच्छ वस्त्र धारण करें।

2.वेदी सजावट: मूर्ति या चित्र के पास कलश, मार्जनी (झाड़ू), नीम की पत्तियाँ, पुष्प और प्रसाद सुसज्जित रूप से रखें।

3.भोजन-नियम: पूजा के दिन प्रातः कोई भी नया भोजन न पकाएँ।

•प्रसाद के रूप में एक दिन पूर्व का बासी भात, पायस, फल, गुड़ और सूखे मेवे अर्पित करें।

4.यदि सामूहिक पूजा हो: एक व्यक्ति को “कर्ता” के रूप में निर्धारित करें।

पूजा-क्रम (मुख्य भाग)

1) ध्यान (ध्यान एवं मानसिक तैयारी)

शांत भाव से बैठकर 1–2 मिनट तक मन को स्थिर करें।

उच्चारण करें—

ॐ शीतलां देवीं ध्यायामि।
रासभस्थां दिगम्बरीम्।
मार्जनी-कलशोपेतां
सुरपालंकृत-मस्तकम्॥

(शीतला माता का गधे पर आरूढ़ रूप में ध्यान करें।)

2) संकल्प (उद्देश्य की घोषणा)

अपना नाम, स्थान तथा पूजा का उद्देश्य कहें।

उदाहरण—

ॐ शान्तिः शान्तिः शान्तिः।
अहं (अपना नाम) शीतला-पूजां करिष्यामि।
मम परिवारस्य मंगलार्थे,
रोग-नाशार्थे,
सुस्वास्थ्य-लाभार्थे करोमि।

3) आचमन / शुद्धि

हाथ धोकर तीन बार "**ॐ शान्तिः**" का उच्चारण करें।

जल की तीन बूँदें आचमन के रूप में ग्रहण करें।

वेदी एवं चारों दिशाओं की ओर अंजलि देकर नमस्कार करें।

4) आवाहन (देवी का आमंत्रण)

मूर्ति या कलश के समक्ष उच्चारण करें—

ॐ श्रीशीतलादेव्यै नमः।

5) न्यास (ऐच्छिक)

ललाट पर "**ॐ ह्रीं**" तथा हृदय पर "**ॐ हूं**" का स्पर्श करें।

कलश पर तीन बार स्पर्श कर न्यास कर सकते हैं।

6) ध्यान-मंत्र

ॐ शीतलाना देवता लक्ष्मी।
बीजं भवानी शक्तिः।
सर्वविस्फोटक-निवृत्त्यर्थे
जपे विनियोजितः॥

॥ ध्यान-मंत्र ॥

ॐ शीतला शोभना शुभ्रा,
शुभदा शोभनप्रदा।
शुभदा शोभा शुभयुता,
शिशु-व्याधि-विनाशिनी॥

शिशुदात्री शिशुप्रीता,
शिशु-दुःख-विमोचिनी।
शिशुद्या शिशुघा शुभ्रा,
शुद्धा शुद्धरक्तावाशिनी॥

शिवप्रिया शशिमुखी,

शुभ्रांगी शुभभूषणा।
शुक्रदा शुष्कहा श्वेता,
श्वेत-व्याधि-विनाशिनी॥

श्वेताम्बरा श्वेतोहारा,
श्वेतद्वीप-निवासिनी।
श्वेतोपवासनां चैव,
श्वेतपद्म-विभूषणा॥

शंकारी शांतिदा शांता,
शांतिः शंकर-प्रिया।
शोकनाशा शोकहरा,
शोकदा शोक-नाशिनी॥

7) स्तोत्र-पाठ / जप (मुख्य अनुष्ठान)

इस समय पूर्ण श्री शीतला देवी स्तोत्र, शीतलाष्टकम्, अथवा शीतला कवचम् का पाठ करें।यदि पूर्ण पाठ संभव न हो, तो सरल जप करें **ॐ शीतलायै नमः**(108 बार) अथवा—
ॐ श्रीशीतलादेव्यै नमः (108 बार)

प्रारम्भ श्लोक

ॐ शीतला शोभना शुभ्रा,
शुभदा शोभनप्रदा।
शुभदा शोभा शुभयुता,
शिशु-व्याधि-विनाशिनी।।

शिशुदात्री शिशुप्रीता,
शिशु-दुःख-विमोचिनी।
शिशुद्या शिशुघा शुभ्रा,
शुद्धा शुद्धरक्तावाशिनी।।

शिवप्रिया शशिमुखी,
शुभ्रांगी शुभभूषणा।
शुक्रदा शुष्कहा श्वेता,
श्वेत-व्याधि-विनाशिनी।।

श्वेताम्बरा श्वेतोहारा,
श्वेतद्वीप-निवासिनी।
श्वेतोपवासनां चैव,
श्वेतपद्म-विभूषणा।।

शीतला स्तोत्र

१

नमः श्वेतवसनाधारिणी,
शशिमुखी शांतिदायिनी।
नीमपत्रासने विराजे,
ज्वररूप-पीड़ा हारिणी॥

२

धेनुकी-वाहिनी देवी,
भक्तशोक-विनाशिनी।
मार्जनी-हस्ते जननी,
ग्रामरक्षा-करुणामयी॥

३

शिशु-व्याधि नाश करो,
घर-घर मंगल दाओ।
अशांति दूर करो माये,
तुम्हारे नामे जप गाओ॥

४

शुभ्र दिव्य शरीरधारिणी,
करुणासिंधु जननी।

जो तुझको शरण ले माता,
उसे अभय तुम दान करो॥

५

राजरोग-पीड़ा नाशिनी,
दुशांति-दहनी देवी।
शीतलरूपे तुम माता,
शांति-आलोक बरसाओ नित॥

६

मातः तव पादपद्मे,
मेरा शरण स्थिर हो।
तव कृपा से देह-मन,
पाए शांति का परम लोक॥

७

जय जय शीतला माता,
भुवन-रक्षा करो सदा।
भक्त-दुःख दूर करो माँ,
चरणों में रहे शीश नत॥

॥ इति शीतला-स्तोत्रम् ॥

शीतलाष्टकम्

ॐ

गर्दभरूढ़ा छिन्न-भेषज-भावा पद्मवासिनी।
कृत्वा कक्षं रक्षेत् वक्षं दक्षिणे शुभ-मार्जनी॥
व्याधिबत्सा प्रेतांशा प्रजाबुद्धि-कारिणी।
ह्रीं नमामि शीतले संकटे घोरतारिणी॥ १
नाम-शब्द जीव जपेत् जम्बूद्वीप-वासिनी।
तेजगर्भा महाखर्पा जीव-दर्प-हारिणी॥
श्यामवर्णा घटाकर्णा स्थिरराज-गृहिणी।
ह्रीं नमामि शीतले संकटे घोरतारिणी॥ २
वृद्धकेशा पंककेशा हस्ते यन्त्रधारिणी।
कुमुदवदना भाले बिन्दु-तेज-बिन्दु-कारिणी॥
अनादृष्टा इन्दुसदृशा असत्यरूप-धारिणी।
ह्रीं नमामि शीतले संकटे घोरतारिणी॥ ३
ज्वराक्रान्ता आज्ञामात्रा शासितत्रो मेदिनी।
भूमिकम्प-महादग्धा दुष्टदन्त-कारिणी॥
तेजोमयी सर्वजयी ब्रह्ममयी नमामि।
ह्रीं नमामि शीतले संकटे घोरतारिणी॥ ४

विस्फोरकाण्डुकी पूर्णमूर्ति व्याधि-कष्ट-
कारिणी।
तन्माता जगत्ख्याता जगत्प्राण-दायिनी॥
योगमार्ग-भोग-त्रिवर्ग-तुष्टदा।
ह्रीं नमामि शीतले संकटे घोरतारिणी॥ ५
जगद्धात्री पूर्णमूर्ति आद्यशक्ति-धारिणी।
जन्मतो जगत्ख्याता जगत्प्राण-दायिनी॥
दुष्टहन्त्री त्रिपुराभी मनोहरी मोहिनी।
ह्रीं नमामि शीतले संकटे घोरतारिणी॥ ६
सुप्रकाशी दासदासी अष्टहासी वादकी।
रंगे-भंगे व्याधि-संगे रक्तावती संगिनी॥
शब्दमात्रे सर्वश्रान्त लोमाश्रु-कारिणी।
ह्रीं नमामि शीतले संकटे घोरतारिणी॥ ७
निजदासे सुप्रकाशे प्रसन्ना मा ब्रह्माणी।
ब्रह्मज्ञान-तप-ध्यान सर्वत्र त्रास-कारिणी॥
तन्मन्त्र-ज्ञान-मास्त्रे चरणपाद्य-दायिनी।
ह्रीं नमामि शीतले संकटे घोरतारिणी॥ ८

ब्रह्मयामले ब्रह्म–नारद-संवादे शीतलाष्टकम्।

श्रीशीतला सहस्त्रनाम
(नामावली – प्रारम्भ)

शांतिप्रिया तु शांतिमयी, शांतिमद्-प्रिया तथा।
श्वेतमाल्यप्रिया शीघ्रा, शीघ्रदा शीघ्रहा शिवा॥
शय्या शयाना श्यामांगी, श्यामा श्याम-विमोहिनी।
शायकिशी शबारूढ़ा, श्मशानालय-वासिनी॥
षड्भुजा षड्रसा चैव, षड्रसार-लोलुपा।
षण्मुखी षड्दलयुता, षड्रसार-जननी तथा॥
सती सत्यप्रिया चैव, सत्यपालन-तत्परा।
सत्या सत्यवती चैव, सर्वदानव-घातिनी॥
सर्वाणी सर्वरूपा च, सर्वभाग्य-प्रदायिनी।
सर्वैश्वर्ययुता चैव, सर्वैश्वर्य-प्रदायिनी॥
सर्वदात्री सर्वग्राही, सर्वपालन-तत्परा।
सौभाग्यदायिनी चैव, सर्वदुःख-विनाशिनी॥
सर्वसम्पत्-प्रदात्री च, सर्वसुख-दायिनी।
सुमुखी सर्वजननी, सर्वाधारा सदास्थिरा॥
हरा हैमवती होमदात्री, हारविलासिनी।
हरप्रिया हरानन्दा, हरदुःख-विमोचिनी॥

हरिनामप्रिया चैव, हरिनामपरायणा।
हरिनामरता चैव, हरिनामरता सदा॥
हरिनामप्रीतिञ्चैव, हरिनामपरायणा।
हरिनामरता स्तु चैव, हरिनामप्रदायिनी॥
हरिप्रिया हरिपूजा, हरिपादानुकूलिनी।
हरिपादपद्मसंलग्ना, हरिभक्ति-प्रदायिनी॥
हरिलीलाः हरीशक्ति, हरिव्रतरताशुभा।
हरिपूजनतत्परा, हरिनामार्चनाश्रिता॥
हरिनामरता चैव, हरिनामसुतोपमा।
हरिनामस्तुति चैव, हरिनामप्रदायिनी॥
हरिनामसदानन्दा, हरिनामरता सती।
हरिनामप्रिया चैव, हरिनामविवर्धिनी॥
हरिनामप्रदात्री च, हरिनामपालिका तथा।
हरिनामरता चैव, हरिनामपरायणा॥

कष्टनाशिनी (प्रसंग)

कष्टदा कष्टहारिणी, कष्टनाशिनी च सा।
कष्टहा कष्टदात्री च, कष्टपीड़ानिवारिणी॥

कामप्रदा शीतला देवी

कामदा कामपालिका,कामरूपा शुभप्रदा।
कामिनी कामहर्त्री च,कामदात्री च कामिनी॥
कामप्रदा कामसुखदा, कामकेलिप्रियान्विता।
कामनाशिनी च देवी,कामदात्री मनोहरा॥
कामपीड़ाहरा चैव,कामहा कामदायिनी।
कामरता कामबीजा,कामरूपा शुभानना॥
कामदा कामहा चैव,कामदात्री मनोहरा।
कामसंहारिणी देवी, कामपीड़ानिवारिणी॥
कामरता कामसुखदा,कामरूपा शुभानना।
कामप्रदा कामदा चैव,कामदात्री मनोहरा॥

शुद्धरूपा शीतला

शुद्धा शुद्धव्रता चैव, शुद्धसत्त्वा मनोहरा।
शुद्धाचारप्रिया चैव, शुद्धप्राणप्रदायिनी॥
शुद्धरूपा शुद्धबुद्धि, शुद्धकर्मरताशुभा।
शुद्धभक्तिप्रदा चैव, शुद्धप्रिया शुभानना॥
शुद्धसत्त्वा शुद्धगति, शुद्धबुद्धिप्रदायिनी।
शुद्धरता शुद्धचिता, शुद्धाचारपरायणा॥

शुद्धसंज्ञा शुद्धदृष्टि, शुद्धहास्यविभूषिता।
शुद्धगात्रा शुद्धवाक्या, शुद्धरूपा मनोहरा॥
शुद्धानना शुद्धबुद्धि, शुद्धकीर्ति शुचिस्मिता।
शुद्धचेता शुद्धमति, शुद्धपादप्रणामिनी॥

विस्फोटकनाशिनी शीतला

विस्फोटकनाशिनी देवी, विस्फोटकभयापहा।
विस्फोटकपीड़ाहारिणी,विस्फोटकनिवारिणी॥
विस्फोटकपीड़ाहारिणी,विस्फोटकप्रदाहिनी।
विस्फोटकविनाशिनी,विस्फोटकनाशिनी॥
विस्फोटकविनाशिनी,विस्फोटकभयापहा।
विस्फोटकपीड़ाहारिणी,विस्फोटकनिवारिणी॥
विस्फोटकसंहारिणी, विस्फोटकमहारिणी।
विस्फोटकमहाराज्ञी, विस्फोटकविनाशिनी॥

ज्वररोग-प्रशमनी

ज्वररोगप्रशमनी, शीतलाप्रिया सर्वदा।
ज्वररोगनाशिनी देवी, शीतलांगनसुन्दरी॥
शीतलालिङ्गिता देवी,शीतलाङ्गप्रदायिनी।
शीतलाप्राणदात्री च,शीतलालोकवर्धिनी॥

शीतलानुकम्पिता देवी, शीतलानन्दवर्धिनी।
शीतलाप्रीतिदा देवी, शीतलानन्ददायिनी॥
शीतलादर्शनसुखदा,शीतलाप्रेमवर्धिनी।
शीतलानामगानप्रिया, शीतलापूजनतुष्टिदा॥
शीतलाश्रयिणी देवी,शीतलाभक्तिमानसा।
शीतलाप्राणनिलया,शीतलापदसन्नता॥

समापनी श्लोक

इति श्रीशीतलासहस्त्रनाम सम्पूर्णम्॥

ॐ तत् सत्॥

अथ शीतला कवचम्

देवी उवाच —

ॐ भगवन् भूतभवेश प्रधानपुरुषेश्वर।
त्वत्प्रसादाद् विज्ञातं सर्वाचार-चरोत्कृतम्॥
आगमेषु च सर्वेषु मन्त्राः मन्त्राः यथोदिताः।
इदानीं श्रोतुमिच्छामि कवचं रोगनाशनम्॥
देव्याः श्रीशीतलायाश्च कवचं न प्रकाशितम्।
तन्मे कथय देवेश यद्यनुग्रहोऽसि मे॥

श्रीमहादेव उवाच —

साधु साधु महाभाग्ये जगतानां हितकारिणि।
प्रवक्ष्यामि विशेषेण कवचं परदुर्लभम्॥
यज्ञात्वा मुनयः सर्वे रोगशोकविवर्जिताः।
देवाश्च दानवाः सर्वे गन्धर्वाः किन्नरास्तथा॥
नागा मनुष्याश्च ये केचित् सर्वे रोगविवर्जिताः॥
प्रणवो मे शिरः पातु, भालं श्रीशीतला तथा।
नासिकां बह्निजाया च, मुखमष्टाङ्गकरो मनुः॥
जिह्वायां वाग्भवं बीजं, चक्षुः कामबीजकर्मणि॥
मायाबीजं तु कर्णौ मे, कण्ठदेशं कालिका।

स्कन्धौ देवी सदा पातु, रोगाणां जननी मम॥
बाहु-कक्षौ तथा वक्षः, स्तनोदर-कटिमर्म।
सततं पातु मां देवी, सर्वरोग-विनाशिनी॥
गुह्यं लिङ्गं तथामेष्ठ्रु- युगं तथैव च।
पादौ द्वौ पातु मां नित्यं, सदा गदविभाहिनी॥
(रक्षाशीलाङ्गेषु यत् स्थानं वर्जितं कवचेन तु।)
तत् सर्वं रक्ष देवी, महाविद्या दशाक्षरी॥
एवं न्यासविधिं कृत्वा, जपेत् मन्त्रं मनान्वितः।
प्रणवं पूर्वमुच्चार्य, वाग्भवं तदनन्तरम्॥
कामबीजं ततः पश्चात्, मायाबीजं तदनन्तरम्।
दे-युक्ता शीतला चेति, बह्निजाया-समन्विता॥
दशाक्षरी महाविद्या, सर्वसम्पत्करी शुभा।
विद्याष्टाक्षरी देवी, कामामाया-विवर्जिता॥
मन्त्रोद्धारमिमं भक्ते, स्नेहादहम् गुहोगुपितः।
महारोगोपशान्त्यर्थं, जपेदष्टसहस्त्रकम्॥
जपो होमः पुरश्चर्या, मन्त्राणामयुत-जपैः सः।
शीतला पूर्वदिग्भागे, अर्च्येया रोगनाशिनी॥
दक्षिणे दक्षिणकाली, मुण्डमाला-विदारिणी।
नैऋत्यां पातु मां नित्यं, सूर्यालंकृत-मस्तका॥

पश्चिमे पातु मां नित्यं, शुभ-मार्जनी-करा तथा।
वायव्यां पातु मां देवी, सदा कालधारिणी॥
दिगम्बरी सदा पातु, उत्तरास्यां सनातनी।
ऐशान्यां दिशि मां पातु, सततं घोरदर्शिनी॥
ऊर्ध्वाधः क्रमतो रक्षतु, शीतला शीतलाप्रदा।
राजद्वारे श्मशाने च, रोगोद्भूते तथा पथे॥
सर्वतो पातु मां नित्यं, शीतला सूपधारिणी।
इति ते कथितं देवी, कवचं रोगनाशनम्॥
न यस्मै कस्मै न दातव्यं, यदीच्छेदात्मनो हितम्।
पूजा विधाय महतीं, गुरुमभ्यर्च्य साधकः॥
अष्टोत्तरशतं वापि, सहस्रं वा विशेषतः।
रोगाणां ह्रासवृद्धिं, ज्ञात्वा जपेत् शुभं लभेत्॥
भक्तियुक्ताय शांताय, साधकाय द्विजाय च।
सदा देयं न देयं, दात्तिकाय शठाय च॥
स्त्रीभाय धर्महीनाय, परदाररताय च।
विद्वेषकाय दुष्टाय, जीवार्णामहिताचरणे॥
घोरे विस्फोटके चैव, महाव्याधि-समुपस्थिते।
गलगण्डादि रोगेषु, पठितव्यं सदाबुधैः॥
इदं कवचमज्ञात्वा, यः कुर्याच्छीतलार्चनम्।

सः हीनायुः निर्धनः पापी,व्याधिभिः परिपीडितः॥
पुत्रादिभिः सार्धं लभेत, यम-यातना।
चेतसा भक्तियुक्तेन, पूजयित्वा दिगम्बराम्॥
यः पठेत् कवचं देवी,सः शीतला-फलमाप्नुयात्।
विशेषतः कलौ देवी, कलिदुःख-विमोचिनी॥
शीतलां पूजयेद्विद्वान्, महाविपद्-इमावृषु।
कृत्वा तु प्रतिमां दिव्यां, नानाभरण-भूषिताम्॥
पूजयित्वा विधानं, दरिद्रो धनवान् भवेत्॥

इति श्री-कलिदुःख-विमोचन-तन्त्रे
द्वादशपटलें श्रीशीतला-कवचं सम्पूर्णम्॥

ॐ ह्रीं श्रीं ह्रूं ह्रैं ह्रौं ह्रः।
ॐ खरस्थां दिगम्बरां विकटनयनां
तोयस्थितां भजामि स्वाहा।
स्वच्छन्दां प्रचण्डरूपां नमामि अम्बि भूतोये॥

॥ इति श्रीशीतला कवचं सम्पूर्णम् ॥

शीतला चालीसा

दोहा

जय जय जय शीतला, माता जगतमयी।
दासेर दुखहारिणी, दयामयी जननी॥

चालीसा

जय शीतला माता, जगते तव स्तुति।
ब्याधिनाशिनी देवी, त्रिभुवन-पूज्य हुति॥
हस्ते मार्जनी धारणे, कुलशे पवित्र जल।
रोग-ब्याधि नाश कर, दूर कर सब काल॥
रासभे आरूढ़ा तुमि, दिगम्बरी रूप।
दर्शनेंते पाप नाशे, काटे दुखेर सूप॥
निमपाता अति प्रिया, भोग लागि ध्यान।
ऋषि-मुनि यज्ञे तोमार, कोरेन आह्वान॥
घर घर पूजिता तुमि, नरनारीर प्राण।
शिशुर ब्याधि नाश कोरे, दाओ सुख-जीवन॥
जे जन श्रद्धाभरे, कोरे तव बंदना।
तार गृहे सदा थाके, शांति आर धन-धना॥
तुमिइ विश्वम्भरा माता, करुणा कर दासे।
दुर्दशा नाश कोरो मा, राखो सर्वकाले॥

जे जन शीतला चालीसा, श्रद्धाय जप कोरे।
ब्याधि-बाधा दूर होय, सुखसमृद्धि घरे॥
माता तोमार प्रसादेते, दुख नाश पाय।
शरणागत जन सकल, सिद्धिलाभ कोरे॥

दोहा

शीतला माता कृपा कर, राखो सबे सुभाय।
जगते सुख-शांति दाओ, दासेर दुख जाय॥

---

8) निवेदन / नैवेद्य (अग्निहीन)

• बासी भात, पिछले दिन की रोटी/पीठे, गुड़, फल, नीम की पत्तियाँ, ठंडा दूध/दही अर्पित करें।
• थोड़ा सा जल छिड़क कर निवेदन पूर्ण करें।
• मार्जनी (झाड़ू) से प्रतीकात्मक रूप से “रोग दूर करने” का भाव व्यक्त करें।

9) शीतला आरती / प्रदक्षिणा (दीप रहित)

- पुष्प-आरती / चामर / दर्पण से आरती करें।
- घंटी बजा सकते हैं।

ॐ जय जय शीतला माय,
रासभबाहिनी शीतला माय।
मार्जनी हस्ते करुणामयी,
ज्वररोगहारिणी माय॥

दुग्गा रूपे तुमि जननी,
करुणा करो शरणागतजनी।
विस्फोट, ज्वर, सब ब्याधिहरा,
तुमि विश्वमंगला माय॥

नीमपाता तोमार प्रिया,
शीतलस्नेहे सकल हिया।
शिशुदैत्यभय नाश करो,
भक्तरक्षा करो माय॥

शुभ्रबर्णा शीतला माता,
सकल दुःख मोचन दाता।

आशीर्वादे पूर्ण होक प्राण,
तब चरणे नमो नमः माय॥

आरति तोमारी गाइ,
शीतला जननी दयामयी।
शरणागत रक्षा करो,
जय जय शीतला माय॥

शीतला कीर्तन

ॐ शीतलायै नमः। शीतला देवी नमः।

१. मंगलाचरण

ॐ श्री शीतला देवी जय,
रासभबाहिनी जननी जय।
नमो नमो श्वेतबस्त्रधारिणी,
ज्वररोगबिनाशिनी माय॥

२. स्तब / कीर्तन शुरू

शीतला मायर आरति गाइ,
करुणामयी जननी माइ।
नीमपाता हाथे शुभ्रबती,
शिशु ब्याधि नाशो भाइ॥

शुभ्रांगी शशिमुखी देवी,
शिशुर दुःखहारा तुमि।
विस्फोटकपीड़ा नाश करो,
दाक्षिण्यरूपे रक्षा करो॥

तुमि जननीर रूपे जागो,
ग्रामरक्षा करो दिवा-रात।
भक्तजनेर डाके छुटे आसो,
मंगल करो सकल जात॥

हे शीतला माता शांतिर दाता,
ज्वररोग-पीड़ा नाश करो।
संतान राखो सुस्थ सुखे,

आमरा शरणागत, रक्षा करो॥

नीमेर छायाय करो विराज,
श्वेतपद्मे तोमार साज।
मार्जनी हाथे श्वेत शरीरे,
तोमारी कृपाय काले रक्षा॥

जय जय शीतला मा,
जय जय दयामयी।
चरणे शरण लइ मा,
राखो सर्वदा सुस्थ होइ॥

भक्तेर दुःख दूर करो मा,
शिशुर चोखे हासी दाओ।
तोमार चरणे नतशिरे,
शीतला मायेर जय जय गाओ॥

---

१०) विशेष प्रार्थना (संतान-स्वास्थ्य आदि)

ॐ श्रीशीतलादेव्यै नमः।
बालकानां सुक्श्मरक्षणं कुरु।

११) विसर्जन, शांति एवं फलश्रुति

ॐ श्रीशीतलादेव्यै नमः।

श्रीमातृनमः।

शांतिः शांतिः शांतिः॥

शीतला विसर्जन मंत्र

ॐ शीतले देवी,
यात्राकाले आगमन कोरिलेन,
एखन विसर्जन ग्रहण कोरो।
भक्तेर बासना-पूर्णा कोरो,
रक्षा कोरो, कृपा कोरो।

ॐ शीतले नमः। ॐ विसर्जयामि।

(मंत्र के उच्चारण के बाद तीन बार जल या अक्षत अर्पित करें।)

12) प्रसाद वितरण:बासी भात / पीठे / गुड़

सरल मंत्र

ॐ शीतलायै नमः

ॐ श्रीशीतलादेव्यै नमः

ॐ ह्रीं श्रीं शीतलायै नमः

ॐ श्रीशीतलादेव्यै नमः। श्रीमातृनमः।

शांतिः शांतिः शांतिः॥

निर्देश

---

1. समय: प्रातःकाल / सूर्योदय से पूर्व करना सर्वोत्तम माना जाता है।

2. अग्निहीन नियम: अग्नि पर पकाया हुआ भोजन न करें; दीप और धूप का प्रयोग न करना अधिक उचित है।

3.कौन करते हैं: परिवार की वरिष्ठ महिला / गृहिणी / पूजारी।

4.उपवास: अनेक परिवार नए भोजन का सेवन नहीं करते; पूर्व दिन का भोजन ही ग्रहण किया जाता है।

5.नीम एवं ठंडा जल: शीतलता और कीटाणुनाशक भावना का प्रतीक।

6.रोगी के लिए: अनेक घरों में रोगी की शय्या के पास नीम की पत्तियाँ रखने की परंपरा है; (यह चिकित्सा का विकल्प नहीं है—डॉक्टर की सलाह आवश्यक है।)

7. सामूहिक पूजा: एक पाठक/कर्ता शेष लोगों का नेतृत्व करता है।

व्यावहारिक सुझाव

• यदि संक्रमण हो, तो चिकित्सकीय निर्देशों का पालन करें।

• बच्चों के निकट धुआँ या तीव्र सुगंध से बचें।

• परिवार की परंपराओं का पालन करने से पूजा अधिक शुभ मानी जाती है।इस पूजा का उद्देश्य आशा को जाग्रत करना, विश्वास को दृढ़ करना तथा अंतर्निहित शक्ति को जागृत करना है।

www.ingramcontent.com/pod-product-compliance
Lightning Source LLC
LaVergne TN
LVHW022202071026
849580LV00015B/2439
* 9 7 8 9 3 5 6 5 5 8 1 6 8 *